Qui m'aime me rejoigne !

Monsieur B

La vérité sur les rencontres internet

ALBIN MICHEL

http://www.monsieurb.com

Conception graphique : Luc Doligez
Mise en couleurs : Sophie Dumas

Se rencontrer sur le net, pourquoi ?

“Pa-pa-paske… on v-v-va… à-à l'essentiel !”

Vincent Lindon

DU NOMBRE CROISSANT DE CÉLIBATAIRES ET DE L'ARRIVÉE EN FORCE DU HAUT DÉBIT EST NÉE LA RENCONTRE INTERNET.
AAARGH !... T'AS CROQUÉ L'APPLE !!
CROK MIOM !

NAISSANCE LOGIQUE : DANS UN MONDE OÙ L'ON MULTIPLIE LES SÉPARATIONS, ON SE DOIT AUSSI DE MULTIPLIER LES RENCONTRES.
JE VOUS DÉCLARE UNIS PAR LES CYBER-LIENS ! ...
À L'ÉPOQUE DU "CHACUN POUR SOI" IL EST BIEN DIFFICILE D'APPROCHER SON PROCHAIN...
choupette 93 dit : (22:59:03)
"é si on se voyait ?"
TAP TAPATAP !!
TUGUDU
...ET C'EST ÉTONNÉ QUE L'ON CONSTATE QUE SON VOISIN SOUFFRE ÉGALEMENT DE SOLITUDE.
voyait ?"
popeye dit (22:59:47)
"Ok, branche ta web cam coquine, vá !"
TUGUDU
TAP TAP TAPATAP ...
HEUREUSEMENT INTERNET EST LÀ POUR NOUS SAUVER, POUR QUE L'ON PUISSE ENFIN OUVRIR SON COEUR AU BEL INCONNU.
tu peux y aller, mon mec ronfle comme un porc ...
DZZZZ
ZZZZZ RRRRR
TAP TAP

Pourquoi pas moi ?

Le net démocratisé

"J'aurais dû prendre un pseudo !"

Quasimodo

SUR LES 10 À 12 MILLIONS DE CÉLIBATAIRES EN FRANCE, 4 À 6 MILLIONS SE SONT UN JOUR OU L'AUTRE ESSAYÉS AUX SITES DE RENCONTRE.
Je suis le sosie d'Angelina Jolie… en moins vulgaire !
TAPADAP TAP

QUASI BANALISÉS ET RÉELLEMENT FACILES D'UTILISATION, CES SITES SONT DES OUTILS D'UNE EFFICACITÉ REDOUTABLE.
prouve-le !
TULÛT!
désolé mais ma "cam" est en rade ! :(
TAP TATAP
OUBLIÉ LE TEMPS DU MINITEL ROSE, FINI L'ÉPOQUE OÙ LE TÊTE-À-TÊTE VIRTUEL TOURNAIT EN SORDIDE "TÊTE-À-QUEUE".
glissez votre carte bleue dans la fente !
?!
CE N'EST PLUS EN DÉSESPOIR DE CAUSE QUE L'ON SE CONNECTE…
J'TE LAISSE, V'LÀ GÉRARD… Y VIENT ME PRÉSENTER LE THON QU'IL A PÊCHÉ EN LIGNE !!
DILONG!
…MAIS BEL ET BIEN EN L'ESPOIR D'IDÉAL. LA QUÊTE DU PRINCE CHARMANT N'EST PAS UNE LÉGENDE !
OH, P'TIN, DÉDÉ ! T'AS QUOI COMME ORDI ?!

Pourquoi pas moi ?

Vivre avec son temps

MEETIC ET CIE ONT DE PLUS EN PLUS D'INSCRITS
NORMAL !... VU L'PRIX D'UNE ENTRÉE EN BOÎTE DE NUIT
Soirée MACUMBA
DE 23h À L'AUBE
25€
DISCO FEVER
EN PLUS ÇA OUVRE À L'HEURE D'ALLER S'COUCHER !

"Mouaip, moi aussi j'ai vécu avec Montand !"

Simone Signoret

...25 000 NOUVEAUX ABONNÉS PAR JOUR, 30 000 CONNECTÉS PAR SECONDE
OUPS !... J'VIENS D'ATTERRIR DANS UNE BD !!
...EUH SALUT !!
T'ES FREE ?
LES MENTALITÉS ONT ÉVOLUÉ À LA VITESSE DE L'ADSL 2+
AÏE !... LES VIRUS EUX AUSSI VONT PLUS VITE !!
GNAP GNAP GNAP !
MAIS NE NOUS Y TROMPONS PAS : LE NÉO-ROMANTISME TECHNOLOGIQUE SE PRÊTE PLUS FACILEMENT AU FAIT DE SE RACONTER...
...QU'À CELUI DE SE RENCONTRER !
3

Un clic et des souris

VOUS EN AVEZ ASSEZ D'ÊTRE CÉLIBATAIRE (ou avez envie de changer d'air)...
Qui m'aime me rejoigne !
TAPTAP!

"Où ça ?"

Félix le « chat-room »

...VOTRE EMPLOI DU TEMPS NE VOUS EN LAISSE PAS ASSEZ, PAS SUFFISAMMENT POUR CHERCHER AVEC QUI ENTAMER LE DIALOGUE
Coucou, bibiche, on mange quoi de bon ce soir ?
RIEN D'ÉTONNANT DONC À VOUS CROISER BRANCHÉ(E) SUR LE NET : DU DIRECT EN DIRECT, PARFOIS CRU MAIS JAMAIS TOUT CUIT.
?!
VOILÀ, C'EST PRÊT !!
PIZZA donf!
ON BLOQUE, ON ZAPPE, ON SE PIQUE AU JEU, ON NE GARDE QUE LE MEILLEUR...
J'ME SUIS FAIT BRANCHER PAR "CASANOVA 31"
... ET PARAÎT QUE "31", C'EST PAS POUR SON DÉPARTEMENT !!
WHAOUH!!
PFF
PFF PFF!
...MAIS, ATTENTION, QUAND ON ESPÈRE BEAUCOUP, LA DÉCEPTION RISQUE D'ÊTRE À LA HAUTEUR !
BEN OUAIS, LES 1m80, C'EST AVEC DES PLATFORM-BOOTS !
EN FAIT, J'SUIS GOTHIQUE !!
4

Pourquoi pas moi ?

Le grand saut

BON VOUS VOILÀ PRET(E) À VOUS LANCER. COMMENCEZ PAR VOUS RENSEIGNER SUR LE SITE DE RENCONTRE QUI CORRESPOND À VOTRE ATTENTE.
AARGH... Y A PAS "esclave.com" !!

"5…4…3…2…1… zut ; encore raté !"

Ariane

SACHEZ QUE SI L'INSCRIPTION EST GRATUITE...
TANT PIS, J'VAIS OPTER POUR "jesquattecheztoi.com" !!
... LA MISE EN CONTACT N'EST SOUVENT POSSIBLE QUE SI L'ON S'EST ACQUITÉ D'UN ABONNEMENT
50€ !
PAR MOIS ?
À VOTRE PROFIL AJOUTEZ UNE PHOTO (SANS QUOI N'ESPÉREZ PAS LE MOINDRE RETOUR), RÉFLECHISSEZ À UN PSEUDO QUI VOUS CORRESPOND.
Bonjour à toi, "grokiki" !... aurais-tu une photo de ton visage ?!!
TAP TAPATAP !!
NE TRICHEZ PAS SUR VOTRE "PROFIL" SOUS PEINE DE REVENIR SEUL(E) DES RENDEZ-VOUS DÉCROCHÉS
ET TOI, TU DISAIS PESER 56 kg ... T'ES CREUSE OU QUOI ?
5

Au pays des âmes seules

"Il n'y a guère que les impôts qui pensent à moi !"

Bridget Jones

UNE FOIS SUR LA TOILE, VOUS VOICI RASSURÉ : VOUS N'ÊTES PAS UN CAS ISOLÉ.
TIENS, V'LÀ MON EX !
TUGUDU

EH OUI, LE CÉLIBATAIRE N'EST PLUS UN PARIA ! À TEL POINT QUE LA CULTURE DES "SOLOS" EST QUASI DEVENUE UNE MODE...
BEN OUAIS, J'REÇOIS DES AMIS CE SOIR
... euh, vous avez kekchose de prévu ?
ROMO
COUSCOUS EN PARTS INDIVIDUELLES
?!
TÛT TÛT

...UN PHÉNOMÈNE DE SOCIÉTÉ QUI A TRANSFORMÉ LE MODÈLE FAMILIAL
VOUS VENDEZ DES CANAPÉS UNE PLACE ?
DES FAUTEUILS VOUS VOULEZ DIRE ?
IKÉAH

ON SE DÉFAIT, ON S'ASSEMBLE, ON COURT APRÈS L'AUTONOMIE, SA LIBERTÉ CHÉRIE
HA, HA, HA... MOI J'FAIS C'QUE J'VEUX, QUAND J'VEUX
AH ?!... ET TU VEUX QUOI ?

RÉSOUDRE LES DIFFICULTÉS DE MENER À BIEN UNE VIE À DEUX N'EST PLUS VÉCU COMME INCONTOURNABLE.
OUIIIN !
ALLONS, ALLONS JE SUIS LÀ, MOI !

Les infidèles

"La vérité : je n'ai jamais trompé qui que ce soit !"

Elephant Man

LES TEMPS ONT CHANGÉ. IL FAUT DIRE QU'À L'ÉPOQUE OÙ L'ON SE JURAIT FIDÉLITÉ LE JOUR DE SON MARIAGE...
... POUR LE MEILLEUR ET POUR LE PIRE !
AH ?... on peut pas choisir ?!

...L'ESPÉRANCE DE VIE NE DÉPASSAIT GUÈRE LA TRENTAINE.
oui-aaaargh !
YES !

LOGIQUE DONC DE CROISER SUR LES SITES DE RENCONTRES UNE HORDE D'HOMMES ET DE FEMMES DÉÇUS DE LEUR COUETTE.
DIS DONC, J'AI APPRIS SUR LE BLOG DE TA MEUF QUE TU PÈTES AU LIT !
LA CLASSE !
Kfé

BESOIN DE PIMENT, DE PARTAGE, DE TUER L'ENNUI QUOTIDIEN, LES NET-LOVERS RÊVENT À COEUR OUVERT...
ZZZ !!

...SE RENCONTRENT EN CONNAISSANCE DE CAUSE DANS UN ESPRIT DE GRANDE TOLÉRANCE.

Pourquoi pas moi ?

De fausses excuses

"C'est d'la faute à pas d'chance !"

Dr Fatalis

L'ANONYMAT DES VILLES, LA SURCHARGE DE TRAVAIL OU LA PEUR DE MAUVAISES RENCONTRES...
ALORS, COMME ÇA TU CHERCHES DU BOULOT ?

...SONT SOUVENT ÉVOQUÉS POUR JUSTIFIER LE FAIT QUE L'ON N'AIT PAS TROUVÉ CHAUSSURE À SON PIED DANS LE MONDE RÉEL.
MAIS TU SAIS C'QUE TU VEUX AU MOINS ?
NON !... MAIS JE SAIS C'QUE J'VEUX PAS, EN TOUT CAS !
SEULEMENT VOILÀ, AUJOURD'HUI ON NE TRAVAILLE PLUS QUE 35 HEURES, ON CROISE DES MILLIERS DE PERSONNES (dans la rue, les transports, au bureau, en vacances, sorties, etc.)...
METTEZ QUAND MÊME VOTRE ADRESSE MSN ... ON N'SAIT JAMAIS !
?!
POUR UNE FOIS QUE J'RENTRE DANS L'CUL D'QUELQU'UN !!
...ET SUR LE NET, ON N'EST PAS À L'ABRI DE SE RENCARDER AVEC UN DÉSÉQUILIBRÉ !!
Cher "prédator", quelle idée romantique que de se donner rendez-vous au 7e sous-sol d'un parking désaffecté... bien à toi, ta tendre Sidonie
TAP TAP TAPATAP !
ALORS, SOMMES-NOUS PLUS TIMIDES QU'HIER ?... PLUS EXIGEANTS ?... OU TOUT SIMPLEMENT DEVENUS ÉGOÏSTES ?
♡ : "Je ne pense qu'à toi !"
♡ : moi aussi je pense à moi : salut !

Ordi, mon ami !

“Que ferais-je sans toi ?”

Bill Gates

BON, LAISSONS AU MILLÉNAIRE DERNIER LES FLIRTS ARROSÉS DE FIN DE BAL, POUR SE CONNECTER VERS L'AVENIR.
TU M'AIMES ?
OUAAAiiiis ! MAIS P'TÊT PAS DEVANT TOUT L'MONDE QUAND MÊME !!

VOUS VOILÀ DERRIÈRE VOTRE ÉCRAN (qui vous fait écran) ; VOUS ÊTES DANS LA TOUTE-PUISSANCE.
DZZZ !!
QUOI DE PLUS JOUISSIF QU'UNE CONVERSATION FANTASMÉE OÙ L'ON MAÎTRISE CE QUE L'ON DIT DE SOI ?
ET HOP, RIMBAUD EN COPIÉ-COLLÉ... ELLE VA M'PRENDRE POUR UN "POUET" !
VOUS DÉTENEZ L'ARME ABSOLUE POUR SE RENCONTRER...
OUPS, PARDON... ON NE S'EST PAS DÉJÀ VUS QUELQUE PART ?!
... PAS BESOIN D'APPELER UN VIDEUR POUR ÉCARTER L'IMPORTUN ENCOMBRANT.
Fé gaf !... sinon j'te gomme de ma liste !!
T'AS VU ?
TIPP-EX
DZZZ

Un “filtre” d’amour

“Un « filtre » d’amour
… pour les bien roulées !”

OCB

LES RENCONTRES EN DISCOTHÈQUE OU DANS LA RUE EFFRAIENT DE PLUS EN PLUS
TU DANSES ?
BEN NON, TU VOIS BIEN QUE J'SUIS ASSISE !
PLIZE !

CETTE "PEUR DE L'AUTRE" EST MOINDRE SUR LE NET PUISQUE CE CADRE PRÉSERVE, FAIT TAMPON, ADOUCIT LE CONTACT.
tu danses ?
LA SÉDUCTION Y EST CLAIREMENT ÉNONCÉE COMME RÈGLE DU JEU…
MAISON DE RETRAITE
Les Chrysanthèmes
dans la famille "top model" je voudrais la petite fille !!
PIOCHE !
…VOUS POUVEZ OSER PUISQUE VOUS ÊTES SÛR(E) QUE L'AUTRE CHERCHE AUSSI QUELQU'UN.
coinsman dit :
euh… est-ce que vous auriez l'heure, mademoiselle ? Siouplé ?
TAP TAPATAP TAP
CET "HYGIAPHONE SENTIMENTAL" DERRIÈRE LEQUEL ON SE PROTÈGE PERMET D'ALLER PLUS LOIN ET DE GARDER LE CONTACT.
COUCOU, C'EST MOI !!
TU M'REMETS ?
HUM ?
10

Plus si affinités

"J'n'ai jamais su dire non !"

Oui-Oui

QUE LES PLUS FRILEUX D'ENTRE VOUS SE RASSURENT INTERNET EST AVANT TOUT UNE GRANDE FRATRIE !
NOUS ON S'EST CONNUS SUR Gogol™ France
kiluou ?

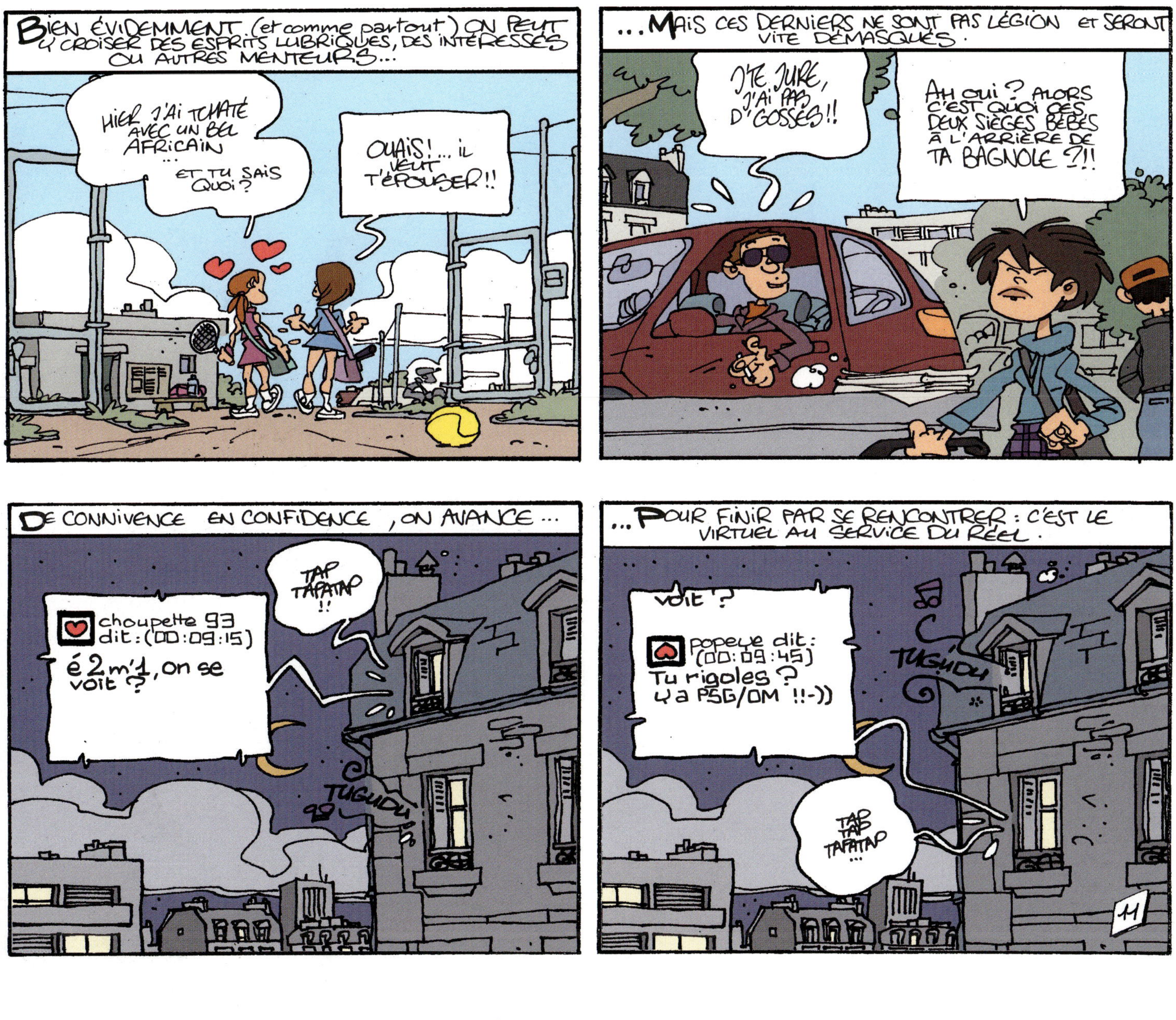
BIEN ÉVIDEMMENT (et comme partout) ON PEUT Y CROISER DES ESPRITS LUBRIQUES, DES INTÉRESSÉS OU AUTRES MENTEURS...
HIER J'AI TCHATÉ AVEC UN BEL AFRICAIN ... ET TU SAIS QUOI ?
OUAIS !... IL VEUT T'ÉPOUSER !!
...MAIS CES DERNIERS NE SONT PAS LÉGION ET SERONT VITE DÉMASQUÉS.
J'TE JURE, J'AI PAS D'GOSSES !!
AH OUI ? ALORS C'EST QUOI CES DEUX SIÈGES BÉBÉS À L'ARRIÈRE DE TA BAGNOLE ?!!
DE CONNIVENCE EN CONFIDENCE, ON AVANCE...
TAP TAPATAP !!
choupette 93 dit : (00:09:15)
é 2 m'1, on se voit ?
TUGUDU
...POUR FINIR PAR SE RENCONTRER : C'EST LE VIRTUEL AU SERVICE DU RÉEL.
voit ?
popeye dit : (00:09:45)
Tu rigoles ? y a PSG/OM !!-))
TUGUDU
TAP TAP TAPATAP ...

New & old school

"Et dire que j'ai fait les 400 coups !"

François Truffaut

LES MOINS DE 25 ANS FRÉQUENTENT PLUTÔT LES CHAT-ROOMS ET PRENNENT L'AMOUR QUI SE PRÉSENTE AU DÉTOUR D'UNE DISCUSSION COMME UN BONUS.
Alô ? c ki ?
C moi, banane ! :-)

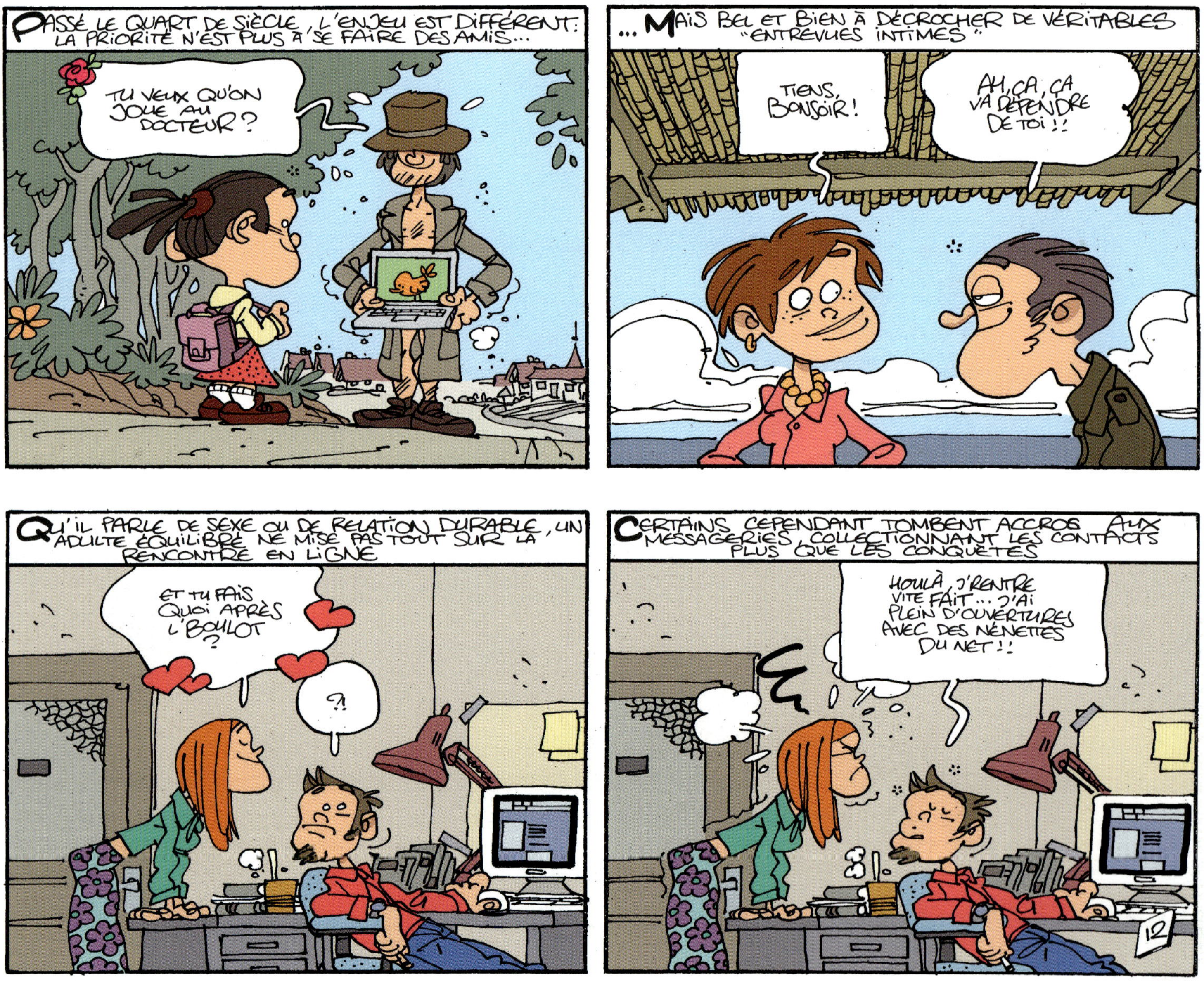
PASSÉ LE QUART DE SIÈCLE, L'ENJEU EST DIFFÉRENT : LA PRIORITÉ N'EST PLUS À SE FAIRE DES AMIS...
TU VEUX QU'ON JOUE AU DOCTEUR ?
... MAIS BEL ET BIEN À DÉCROCHER DE VÉRITABLES "ENTREVUES INTIMES"
TIENS, BONSOIR !
AH, ÇA, ÇA VA DÉPENDRE DE TOI !!
QU'IL PARLE DE SEXE OU DE RELATION DURABLE, UN ADULTE ÉQUILIBRÉ NE MISE PAS TOUT SUR LA RENCONTRE EN LIGNE
ET TU FAIS QUOI APRÈS L'BOULOT ?
?!
CERTAINS CEPENDANT TOMBENT ACCROS AUX MESSAGERIES, COLLECTIONNANT LES CONTACTS PLUS QUE LES CONQUÊTES
HOULÀ, J'RENTRE VITE FAIT... J'AI PLEIN D'OUVERTURES AVEC DES NÉNETTES DU NET !!

Quelques conseils

La mise en condition

"J'm'étais pourtant bien échauffé !"

Niki Lauda

L'AMBIANCE EST CALME, SEREINE ET C'EST AVEC L'ESPRIT POSÉ QUE VOUS ALLUMEZ VOTRE ORDINATEUR
TALÂÂÂM!
OUPS
ZZZ

AVANT DE VOUS CONNECTER, VOUS RELISEZ VOS RÉCENTES CORRESPONDANCES...
Mon chéri... je t'écris ces quelques mots... bla, bla... tu me manques... bla, bla... rendez vous samedi soir chez moi...
...IL N'Y A RIEN DE PLUS DÉSAGRÉABLE POUR L'AUTRE QUE DE CONSTATER QUE VOUS NE RETENEZ RIEN DE SA VIE.
... pour l'anniversaire de grand-père ... bla bla ... j'espère que tu manges bien et que tu ne te couches pas trop tard.
Maman
XXX
HUMF!
PRENEZ DE QUOI GRIGNOTER, DÉBRANCHEZ LE TÉLÉPHONE (si vous "décrochez" un moment d'intimité, mieux vaut ne pas être dérangé)
JE SUIS ABSENTE POUR LE MOMENT, ALORS LAISSEZ-MOI UN MESSAGE
... BÊEP!
COMMENCEZ PAR CONTACTER UN OU DEUX NOUVEAUX "PROFILS", HISTOIRE D'ALIMENTER EN OXYGÈNE VOS RECHERCHES
ALLEZ HOP, SOYONS FOUS ... J'VAIS TENTER MA CHANCE AVEC LES 25 ET + !!
UNE FOIS N'EST PAS COUTUME

Quelques conseils

La bonne connexion

"Yep… toujours pendu au bout du fil !"

Spider Man

POUR TCHATER TRANQUILLE, MIEUX VAUT ÊTRE CHEZ SOI.
WHAOU !... SI T'EN VEUX PAS, J'LE PRENDS !!
PAREIL !
BELL

CONTRAIREMENT À LA DRAGUE "RÉELLE" OÙ L'APPROCHE EN GROUPE SIMPLIFIE LA PREMIÈRE RENCONTRE ...
ET SINON, T'AS PAS DES COPINES SYMPA ?
CANONS, QUOI !
...LA DRAGUE "VIRTUELLE" SE PRATIQUE SEUL(E).
OH MOUIIIII !!... TROP SYMPA TES COPINES !!??
ÉVITEZ DONC DE BRANCHER DEPUIS VOTRE LIEU DE TRAVAIL (OU CONTENTEZ-VOUS D'ENVOYER QUELQUES MAILS AFIN D'ENTRETENIR LES CONTACTS NAISSANTS)
SUR VOTRE "FICHE PROFIL", VOUS POUVEZ RAJOUTER "CHÔMEUSE" !
SIGNEZ ICI !
VIVEMENT CE SOIR : VOUS SEREZ PLUS À MÊME DE REVÊTIR VOTRE TENUE DE SÉDUCTEUR.
PIOU PIOU PIOU PIOU
CLIK CLIK CLIK

Spécial filles

Le choix de la reine

“Autant s’éclater !”

Lady Di

LES FEMMES SONT INFINIMENT PLUS SOLLICITÉES SUR LA TOILE (PUISQUE TOUT SIMPLEMENT MOINS NOMBREUSES)
¡¡IIIIH!!

IL EST TOUJOURS ANCRÉ DANS LES TÊTES QUE CE SONT ELLES QUI DOIVENT SE FAIRE COURTISER.
ET TU CONNAIS "unjourmonprinceviendra.com" ?!
CEPENDANT, LE FAIT QU'ELLES S'INSCRIVENT SUR DES SITES DE RENCONTRE PROUVE LEUR ENVIE D'AVOIR UNE DÉMARCHE ACTIVE
OUAIS, DANS LA RUBRIQUE "ilfaitaussilavaisselle" Y EN A UN QUI M'FAIT KIFFER!
DEUX HOMMES POUR UNE FEMME EST AUJOURD'HUI LA PROPORTION DES CÉLIBATAIRES DU NET
SI 2=1... 1=½! LE COMPTE EST BON: CHACUN PEUT Y TROUVER SA MOITIÉ !!
0,5
LE PLUS DIFFICILE POUR "MADAME" SERA DONC DE FAIRE LE TRI PARMI UNE HORDE DE PRÉTENDANTS
OK!... rencard sur le champ de mars !-)
ET HOP! "RÉPONDRE À TOUS" !!
TAP!

Une sélection naturelle

"Pas plus de 1m20 !"

Mimi Mathy

FACE À L'AFFLUX DE PROPOSITIONS VOUS DEVREZ CHOISIR. FAIRE DES CHOIX, C'EST AUSSI FAIRE LE POINT.
POUF POUF... ÇA-SE-RA-TOI QUE-JE-CHOI-SI-RA...
euh, tout compte fait, non!
RAPT
VOICI VENU LE MOMENT DE SAVOIR CE QUE VOUS ATTENDEZ D'UN HOMME.
C'EST COMBIEN ?
LA CHEMISE OU LE PANTALON ?
NON, LE MANNEQUIN !!
VOUS VOUS RENDEZ RAPIDEMENT COMPTE DES DÉSIRS DE LA GENT MASCULINE
Moi aussi j'aime le cinéma... Tu connais "banane mécanique"?
"CLIK!"
(suppr)
... À VOUS DE SAVOIR SI VOUS ÊTES DISPOSÉE À LES SATISFAIRE.
POUF, POUF... ÇA-SE-RA-TOI-KEJECHOIZIRA!!
?!
RESTEZ "OPEN", NE VOUS PRÉCIPITEZ PAS DANS LE TRAQUENARD DU PROFIL IDÉAL.
FICHE
HIDALGO
25 ans
1m 90
80 kg
yeux verts
Cheveux magnifiques
profession : pilote automobile
personnalité : sentimental aime les enfants
Mouaip! ... trop vieux!

Qu'est-ce qu'un homme ?

"Un type comme vous et moi !"

Amanda Lear

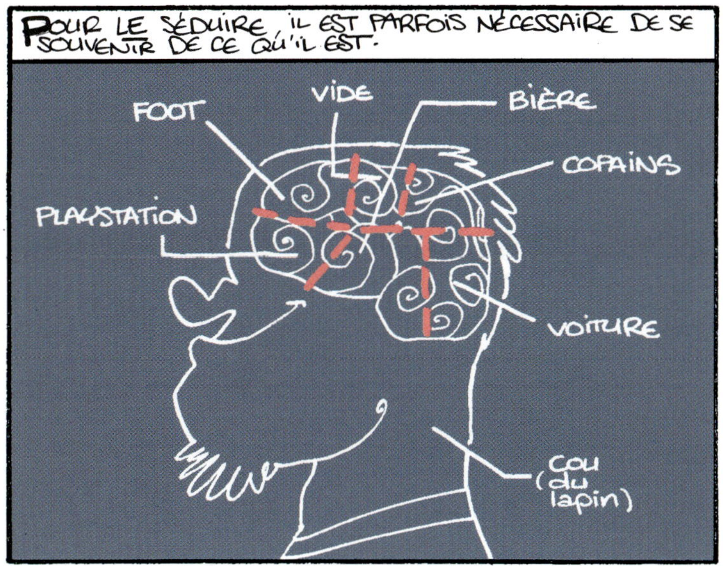
POUR LE SÉDUIRE, IL EST PARFOIS NÉCESSAIRE DE SE SOUVENIR DE CE QU'IL EST.
FOOT
VIDE
BIÈRE
COPAINS
PLAYSTATION
VOITURE
COU (DU LAPIN)

L'"HOMOSAPIENS ERECTUS" EST UN ANIMAL QUI RÉAGIT D'ABORD AVEC... SON OEIL
DRUUUU!!
...

PLUS VISUEL QUE CÉRÉBRAL, ATTENDEZ-VOUS À CE QU'IL VOUS DEMANDE QUELQUES PHOTOS.
NON, celle de gauche, c'est ma petite soeur !
TAP TAPATAP !!

L'HOMME EST DE NATURE À FUIR SES RESPONSABILITÉS NE PARLEZ PAS TROP TÔT D'ENGAGEMENT À LONG TERME
Et si on s'mariait ?
Ah ? et avec qui ?
TAP TAP TAP TAP!
TAP TAP

UN HOMME PENSE QUE L'ENTENTE SEXUELLE EST LE POINT DE DÉPART D'UNE VIE EN COUPLE
Euh... tu me plais !
Oui, j'vois ÇA !!
17

Spécial filles

Le flatter dans le sens du poil

"Allez !… au boulot !"

Le Yéti

UNE FEMME QUI SE DONNE TROP VITE EST POUR UN HOMME DÉSTABILISANTE…
SI TU VEUX J'VIENS CHEZ TOI !!
euh… t'es pas SDF au moins ?

…TOUT COMME CELLE QUI SE REFUSE EST FRUSTRANTE, SACHEZ TROUVER LE JUSTE MILIEU.
ET SI C'EST MOI QUI PASSE ?
POURQUOI ? T'AS BOBONNE À LA MAISON ?!
HUM ?
rue Tabaga

ADMIREZ SA RÉUSSITE SOCIALE, FAITES-VOUS BELLE POUR LUI
Alors, comme ça, t'es producteur ?
Ouais ! de fruits et légumes !
TAP TAPADAP !
TOC !

SOYEZ DISPONIBLE, LAISSEZ-LE RESPIRER…
?!
Tou?
WC
Goulou Goulou
PLIC

…MONTREZ QUE VOUS AVEZ BESOIN DE LUI : IL NE SERA SERVIABLE QUE S'IL SE CROIT INDISPENSABLE.
QUE FERAIS-JE SANS TOI ?
SANS DOUTE PLUS D'EFFORTS !
PROMO

Pièges à éviter

"Qui s'y frotte, s'y pique !"

Le sida

L'HOMME DES CAVERNES MODERNES N'AIME PAS :
- QU'ON LE PRIVE DE SES HABITUDES
ET TU FAIS DU SPORT LE DIMANCHE MATIN ?
OUAIS : "TÉLÉ-FOOT" ET "AUTO-MOTO" !!

-CROISER DANS VOTRE REGARD LE DOUTE SUR SA PERSONNE
c'est qu'tu m'crois pas cap' d'en bouare une autre ?
CUL SEC !
-QUE VOUS AYEZ EU UNE VIE AVANT LUI.
PAS GRAVE ! POUR UNE FOIS, J'VAIS POUVOIR DORMIR TRANQUILLE !!
pour une fois ?
EN PARTANT DE CE CONSTAT, ON NE PEUT QUE S'AMUSER DE SES CORRESPONDANCES...
Quelle coïncidence, moi aussi j'adore les films de Woodi Haleine surtout le dernier !
TAP TAP TAP
TERMINA
...SES POÈMES EN DISENT LONG SUR L'EFFORT QU'IL A DÛ FOURNIR POUR VOUS SÉDUIRE
VOUS VENDEZ DES CORRECTEURS GRAMMATICAUX D'ORTHOGRAPHE ?!
SURKOUF
?!
19

Que le meilleur gagne

"… combien ?"

Picsou

NOUS LE SAVONS, SUR LE NET LES HOMMES SONT PLUS NOMBREUX QUE LES FEMMES...

...IL FAUT DONC QU'ILS METTENT TOUT EN OEUVRE POUR SORTIR DU LOT
(vous avez un nouveau message)
J'ARRiiiiVE!... ME VOILÀAA!!
À MOINS D'AVOIR LE PHYSIQUE DE BRAD PITT OU LE PORTEFEUILLE DE ROTHSCHILD, MONSIEUR NE DOIT PAS S'ATTENDRE À UNE AVALANCHE DE MESSAGES SPONTANÉS.
ARGH, ZUT! ENCORE UNE PUB POUR LE VIAGRA©!!
SI VOUS IMAGINIEZ QUE LES SITES DE RENCONTRES ALLAIENT VOUS DISPENSER DE DEVOIR FAIRE LE BEAU, C'EST RATÉ!
PIS J'AIMERAIS AUSSI UN LOGICIEL DE RETOUCHE PHOTO PUISSANT...
SUR INTERNET, COMME DANS LA VIE RÉELLE, IL VA FALLOIR COURTISER POUR MIEUX RÉGNER.
...ET UN ABONNEMENT À INTERFLORA.com!!
SURKOUF
...

Rester soi-même

“Ah ?… on n’a pas l’choix ?”

Michel Petrucciani

NE TRICHEZ PAS, NE MENTEZ PAS, NE CÉDEZ PAS À L'ENVIE DE VOUS FAIRE PASSER POUR UN AUTRE...
DZZZZ!!
COUCOU!
HÉ, HÉ, HÉ!

... POUR QUELQU'UN QUI SERAIT CENSÉ AVOIR PLUS DE "CHANCES" QUE VOUS.
Au fait, je collectionne les Ferrari !
N'OUBLIEZ JAMAIS LE BUT DE VOTRE RECHERCHE : CRÉER UN JOUR OU L'AUTRE UNE RENCONTRE PHYSIQUE AVEC VOTRE INTERLOCUTRICE.
MAIS SI, C'EST MOI ! MÊME QUE J'T'AI ENVOYÉ LA PHOTO D'MON FRÈRE JUMEAU !!
AH !... BEN VOUS ÊTES DE FAUX JUMEAUX, ALORS !!
AFFICHEZ VOTRE SENSIBILITÉ, FAITES PREUVE D'HUMOUR, LIVREZ AUTRE CHOSE QU'UN PROFIL IDÉALISÉ ... ET FINALEMENT PASSE-PARTOUT.
TUGUDLI
?!
Ne me jette pas à la corbeille... Je suis CLAUSTRO !
NOUS SOMMES TOUS DIFFÉRENTS, LE MONTRER NE PEUT PAS LA LAISSER INDIFFÉRENTE.
TUGUDU !!
Et sinon, t'as rien contre les repris de justice multi-récidivistes ?

À cœur ouvert

“Quadruple pontage ?”

Le cardiologue

LES FILLES DÉPLORENT LE FAIT QUE LEURS INTERLOCUTEURS NE SE DÉVOILENT PAS ASSEZ
ALORS ?
BEN GRAND, BEAU, BELLE SITUATION, AIME LE SPORT ET LES SORTIES
... COMME D'HAB, QUOI !!

LIVREZ-VOUS, MAIS NE TOMBEZ PAS DANS LE PIÈGE QUI CONSISTE À SE LAMENTER, À S'APITOYER SUR SON SORT
J'N'AI JAMAIS EU D'CHANCE AVEC LES NANAS
... AU BOUT D'CINQ MINUTES ELLES ME QUITTENT LES
!!
GRRR
N'OUBLIEZ PAS NON PLUS QU'IL S'AGIT LÀ D'UN JEU DE SÉDUCTION : MIEUX VAUT FAIRE ENVIE QUE PITIÉ !!
TIENS, PAS PLUS TARD QU'HIER J'AVAIS RENCARD AVEC UN DE CES CANONS
... J'TE RASSURE, RIEN À VOIR AVEC TOI !
PFUIOU
PÔ PÔ PÔ !
LAISSEZ PARLER VOTRE CŒUR, EMPLOYEZ DES MOTS SIMPLES CHARGÉS DE SENS
TOI SAVOIR FAIRE MÉNAGE ?
NE VOUS DÉCOURAGEZ PAS, GARDEZ EN TÊTE VOS OBJECTIFS DE DÉPART : SE CONTENTER D'UN "FAUTE DE MIEUX" N'ENGENDRE QUE DÉCEPTIONS
euh... je vous offre une glace ?
GROUMF !
HUM ?
22

Dans la mesure du possible

"Toujours plus haut, toujours plus fort !"

Le géant vert

DANS VOTRE RECHERCHE, SACHEZ VOUS DONNER DES LIMITES, NE FOCALISEZ PAS UNIQUEMENT SUR SES MENSURATIONS.
ALORS ?
BEN 90-60-90 C'ÉTAIT SON NUMÉRO DE TÉLÉPHONE !

PRIVILÉGIEZ LE FAIT QU'ELLE HABITE DANS VOTRE RÉGION, VOTRE VILLE
ET AVEC ÇA, KESKE J'VOUS METS ?!
HUM ?
CLIC
BOUDIN.COM
QU'ELLE SE SITUE ÉGALEMENT DANS VOTRE TRANCHE D'ÂGE ET SE RAPPROCHE DE VOTRE CATÉGORIE SOCIO-PROFESSIONNELLE.
Ben ouam, j'passe c'T'ané mon CAP coifur... é 6non, tu kiffes le RnB ?
?!
TUGUDU !
QU'ELLE AIT UNE SITUATION FAMILIALE EN POSSIBLE HARMONIE AVEC LA VÔTRE.
EST-CE QUE TU AIMES LES ENFANTS ? ...
... LA PLONGÉE SOUS-MARINE ?
TAP PAT TAP
QUE VOUS AYEZ DES GOÛTS COMMUNS POUR LES LOISIRS
PAS D'PROBLÈME J'TE TRICOTERAI UNE COMBINAISON D'HOMME GRENOUILLE
SINON, J'PRÉFÈRE LES CHATS !!
RRR...
TAPA TAP TAP

Qu'est-ce qu'une femme ?

A TOUS CEUX QUI ONT OUBLIÉ COMMENT FONCTIONNE UNE FILLE, VOICI UN SUCCINCT RÉCAPITULATIF.
HOULALÀ !... LA GROSSE CICATRICE !!

"Une nana comme vous et moi !"

Vincent Mac Doom

SI L'HOMME EST PRINCIPALEMENT VISUEL, LA FEMME SE LAISSE ATTENDRIR PAR LES MOTS.
FOTOCHOC
LIRE
ELLE AIME PARLER... ET SURTOUT ÊTRE ÉCOUTÉE.
C'EST DINGUE : 89% DES COUPLES N'ONT RIEN À S'DIRE !!
MM, MM !!
ELLE
LUI
SES ATTENTES SONT NOMBREUSES ET DIVERSES... TOUT AUSSI IMPRÉVISIBLES QU'ELLES.
BON, ON VA EN BOÎTE ?
?!
ELLE CHERCHE UNE RELATION CONTINUE ET, DANS SES RAPPORTS (QUELS QU'ILS SOIENT), PRIVILÉGIE L'INTENSITÉ SUR LA FRÉQUENCE.
ON REMET ÇA ?!
NON, REMETS PLUTÔT ÇA !!
24

La touche

"Mille sabords, mordre à l'hameçon, quoi !"

Capitaine Haddock

IL OU ELLE VOUS A RÉPONDU, VOUS SEMBLEZ ÊTRE SUR LA MÊME LONGUEUR D'ONDE, L'AVENTURE PEUT COMMENCER...
ET SINON, T'HABITES OÙ ?
CHEZ MOI, POURQUOI ?

...UNE AVENTURE QUI VOUS APPARTIENT, QU'IL NE VOUS RESTE PLUS QU'À ÉCRIRE.
BRANCHE TON PORTABLE, J'T'ENVOIE UN SMS !
OK!-)

POUR LUI OU ELLE, VOUS SAVEZ VOUS RENDRE DISPONIBLE
Cher "Grolourdo 75" Je te rassure : ma connexion fonctionne à merveille. Si je n'ai pas répondu à tes 298 messages, c'est tout simplement parce que...

PAR MSN OU MAIL, VOUS ÊTES À SON ÉCOUTE. VOUS ÊTES ATTENTIONNÉ MAIS PAS ENVAHISSANT.
ON FERME !!
M'ENFIN, NON ! J'ATTENDS UN MAIL D'UN JOUR À L'AUTRE !!

DIVERSIFIER LES MODES DE DIALOGUE SERA LE MOYEN DE NE PAS GLISSER PRÉMATURÉMENT DANS LA ROUTINE.
On s'fait la biz ?
D'accord, Smack !
Smack aussi !-)
BIP BIP BEP

Un suivi qui évolue

"Vous êtes sur la bonne voie !"

SNCF

À CHACUN SON RYTHME. L'IMPORTANT EST QU'AU FIL DU TEMPS L'ÉCHANGE MONTE EN INTENSITÉ.
19:47
Grolourdo75 dit :
"SALOPE !!"
TUGUDU

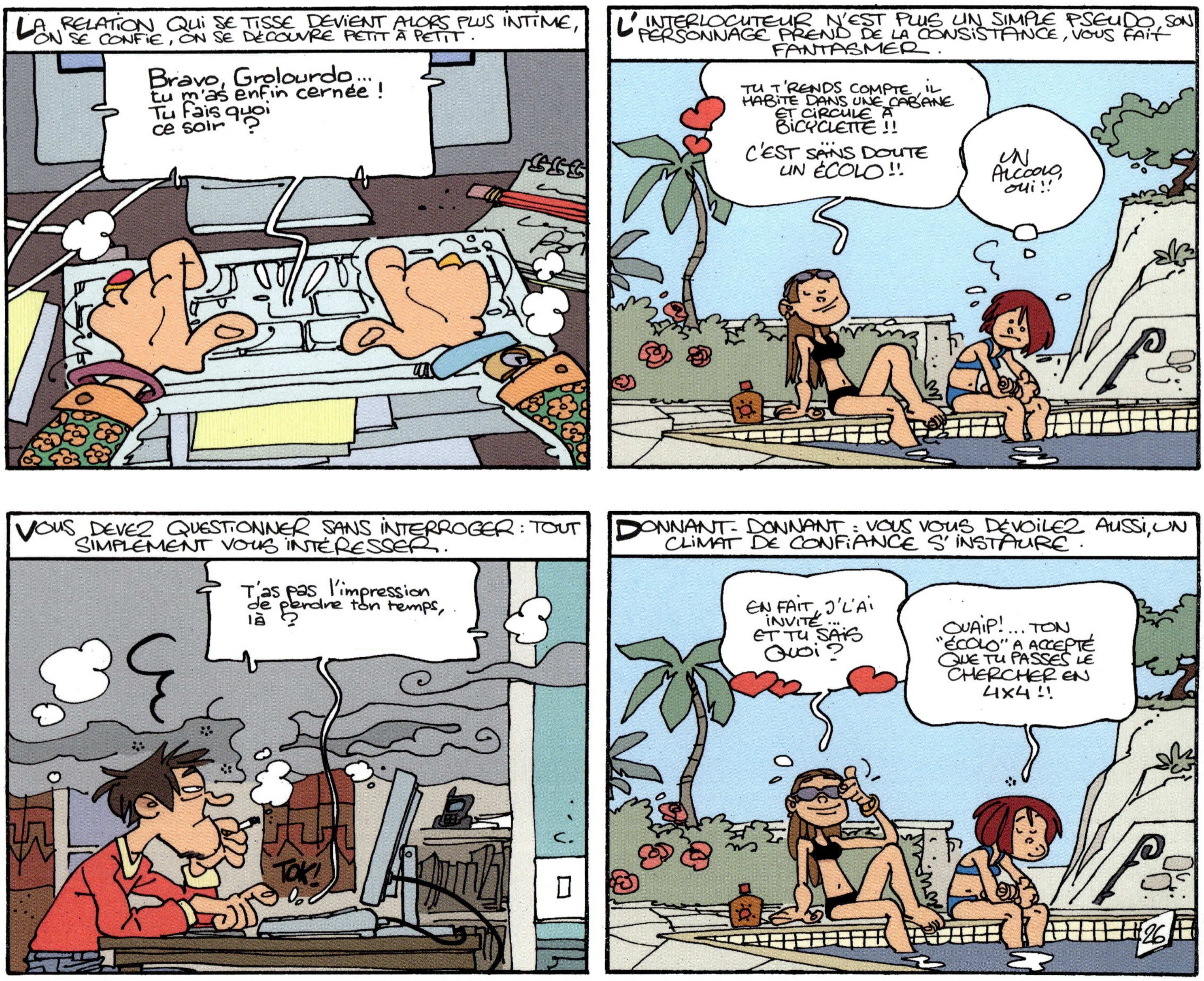
LA RELATION QUI SE TISSE DEVIENT ALORS PLUS INTIME, ON SE CONFIE, ON SE DÉCOUVRE PETIT À PETIT.
Bravo, Grolourdo… tu m'as enfin cernée ! Tu fais quoi ce soir ?
L'INTERLOCUTEUR N'EST PLUS UN SIMPLE PSEUDO, SON PERSONNAGE PREND DE LA CONSISTANCE, VOUS FAIT FANTASMER.
TU T'RENDS COMPTE, IL HABITE DANS UNE CABANE ET CIRCULE À BICYCLETTE !! C'EST SANS DOUTE UN ÉCOLO !!
UN ALCOOLO, OUI !!
VOUS DEVEZ QUESTIONNER SANS INTERROGER : TOUT SIMPLEMENT VOUS INTÉRESSER.
T'as pas l'impression de perdre ton temps, là ?
TOK!
DONNANT-DONNANT : VOUS VOUS DÉVOILEZ AUSSI, UN CLIMAT DE CONFIANCE S'INSTAURE.
EN FAIT, J'L'AI INVITÉ… ET TU SAIS QUOI ?
OUAIP !… TON "ÉCOLO" A ACCEPTÉ QUE TU PASSES LE CHERCHER EN 4X4 !!

L’avant-rencontre

Un grand nettoyage

“On s’en occupe !”

Nicolas Sarkozy

SANS AUCUN DOUTE, IL EST EN TRAIN DE SE TISSER QUELQUE CHOSE AVEC CELUI OU CELLE QUI INONDE VOTRE BOÎTE À MAIL
J'COMPRENDS PAS, DEPUIS QUE J'AI ACCEPTÉ "VIRUS666" COMME CONTACT, Y'A PLUS QUE LUI SUR MON ORDI !!
EN PLUS IL EST TOUT MAIGRE !
MÊME PAS BÔ !

C'EST ALORS QUE LES ÉCHANGES AVEC VOS AUTRES CONTACTS VOUS SEMBLENT INSIPIDES...
R.V. ce week-end à Berck-plage... J'aurai un ciré, tu verras, ce sera tranquille
Maurice
...LES CONVERSATIONS N'ONT PAS DÉCOLLÉ, IL EST TEMPS DE RACCROCHER.
T'aurais dû choisir une île... Maurice ! Range ton ciré, tu viens de te prendre une veste !
TAP TAPATAP TAP...
QUE FAIRE ? NE PAS RÉPONDRE ET LAISSER MOURIR CES RELATIONS INSISTANTES ?
ET ELLE T'A RÉ-ÉCRIT ?
PAS DEPUIS MAIS "PAS D'NOUVELLES, BONNES NOUVELLES !!"
BERCK PLAGE
NON ! PRÉFÉREZ TOUJOURS LA VÉRITÉ : SANS AMBIGUÏTÉ SOUHAITEZ À CEUX QUE VOUS LÂCHEZ LA CHANCE QUE VOUS VIVEZ.
D'AILLEURS J'AI RENCARD AVEC ELLE HIER ... T'AURAIS PAS UNE VESTE À M'PRÊTER
HO, HO ! SACRÉ MOMO !
BERCK PLAGE

DE MESSAGE EN DIALOGUE INFORMATISÉ , L'ENVIE D'ALLER PLUS LOIN SE FAIT SENTIR
Et si on se voyait ?
Ben, t'as pas reçu mes photos ?

Allô ?... tu es là ?

"..."

Le mime Marceau

POUR FAIRE ÉVOLUER LA RELATION, IL FAUT MAINTENANT FRANCHIR LE PAS, PRENDRE CONTACT DE VIVE VOIX
C'est quoi ton numéro de tél. ?
J'sais pas... J'suis sur liste rouge !!
VOTRE COEUR BAT LA CHAMADE , VOUS ÊTES EN TRAIN DE COMPOSER SON NUMÉRO .
CETTE CONVERSATION AVEC "ISA-BELLE" TE SERA FACTURÉE 0,34 € LA MINUTE !
VOTRE TÉLÉPHONE SONNE , ET SI C'ÉTAIT LUI (ELLE) ? VOTRE COEUR S'EMBALLE
RÉPONDS FÉLIX MOÏ J'OSE PAS !!
MIÂ ?
DRILOULI
SA PRÉSENCE DEVIENT VÉRITABLEMENT RÉELLE LORSQUE VOUS ENTENDEZ LE TIMBRE
FÉLICITATIONS ! VOUS VENEZ DE GAGNER UN MOBILE SFR ... VOUS ÊTES HEUREUSE ?
28

L'avant-rencontre

Restons prudents

"Ne pas mettre la charrue avant les bœufs"

La vache qui rit

BIEN ÉVIDEMMENT AVANT DE DONNER VOTRE NUMÉRO, VOUS VOUS ÊTES ASSURÉ QU'IL VOUS A DONNÉ LE SIEN
– ALLÔ ?! ALLÔ ?! ... MAIS QUI EST À L'APPAREIL DU BOUT DU FIL ?

SI VOUS N'ÊTES PAS SUR LISTE ROUGE, NE DIVULGUEZ JAMAIS VOTRE NUMÉRO DE TÉLÉPHONE FIXE
– IDIOTE ! C'EST À TA PORTE QUE JE SONNE !
– OUPS !
NE DONNEZ NI VOTRE ADRESSE, NI VOTRE LIEU DE TRAVAIL, NI VOTRE NOM DE FAMILLE
...
– PURÉE ! C'EST PAS D'LA LOURDE IKEA !!
ÉVITEZ MÊME DE COMMUNIQUER DES INFORMATIONS DU GENRE "LE CLUB DE SPORT QUE VOUS FRÉQUENTEZ"
TCHAK!
– ALORS POUPÉE, J'TE CROYAIS CEINTURE NOIRE DE BOXE !!
UTILISEZ UN COMPTE MAIL GRATUIT CRÉÉ JUSTE À L'USAGE DES RENCONTRES INTERNET.
TERREUR SUR LE NET
M
A
ALORS, POUPÉE... T'AS KIFFÉ ?
29

Au bout du fil

“Graaargl !”

Le pendu

VOUS EN SAVEZ ASSEZ DE L'AUTRE POUR ALIMENTER UNE CONVERSATION TÉLÉPHONIQUE. HUM, HUM ... À VOUS DE JOUER !
Hello, Elvira 9.3? c'est moi, ton grand fion féroce, l'esclave de tes fantasmes...

LES FEMMES AIMENT LES VOIX PLUTÔT GRAVES : PROFONDES, CHALEUREUSES, RASSURANTES
Ah?... maman? OUPS, S'CUZE ! J'AI DÛ APPUYER SUR LA TOUCHE "BIS" !
LES HOMMES PRÉFÉRERONT ENTENDRE UN TIMBRE CRISTALLIN EMPLI DE DOUCEUR.
Bonjour monsieur, pourrais-je parler à Sidonie ?!
OUAIS, C'EST MOI ! CÉPOURKOI ?
AU-DELÀ DE CES CRITÈRES AUDITIFS, LA NATURE DES PROPOS EST ÉVIDEMMENT DÉTERMINANTE. LE TON DOIT ÊTRE POSÉ, LES RÉPLIQUES VIVES, ENJOUÉES
CHÉRI, C'EST POUR TOI !
?!
MAIS PAS DE PRÉCIPITATION, VOUS VOUS RAPPELLEREZ POUR FIXER UN RENDEZ-VOUS.

Sous le charme

“On peut choper des aoûtats !”

Racine

REFRENEZ VOS ESPRITS ET ESSAYEZ D'ANALYSER CE QU'IL VIENT DE SE PASSER

AVEZ-VOUS EU DU PLAISIR À DIALOGUER AVEC LUI (OU ELLE) ? VU LE TEMPS PASSÉ AU TÉLÉPHONE, LA CONVERSATION VOUS A-T-ELLE SEMBLÉ COURTE ?
AVEZ-VOUS ÉTÉ ÉMU (E) ?
DRILOULI !!
AVEZ-VOUS PLAISANTÉ ? RI DE BON COEUR ET SANS ARRIÈRE-PENSÉES ? BREF, ÉTIEZ-VOUS EN CONFIANCE ?
mouii ?! mi amooor ?!
PAS DE DOUTE, VOUS ÊTES SOUS LE CHARME. VOUS AVEZ TANT ENCORE À LUI DIRE QU'IL FAUT MAINTENANT FIXER UN RENDEZ-VOUS !
HA HA HA
SACRÉ CHARLIE, ON T'A BIEN FAIT MARCHER !

Fixer un rendez-vous

"Rue de la paix ?"

Monopoly

LE PREMIER COUP DE FIL S'EST BIEN PASSÉ ET S'EST CONCLU PAR UN "À BIENTÔT" CHARGÉ D'ESPOIR
mais, euh bientôt bientôt ? ou bientôôôôt ?
HUM ?

POUR QU'IL SEMBLE Y AVOIR UN INTÉRÊT RÉCIPROQUE, IL EST SOUHAITABLE QUE CELUI QUI N'A PAS FAIT LE PREMIER PAS FASSE LE SECOND
AH OUAIS, J'ME SOUVIENS ! ALORS, QUOI D'NEUF DEPUIS L'TEMPS ?

LE SECOND CONTACT PEUT ÊTRE CELUI QUI AMÈNE AU RENDEZ-VOUS
DIS-MOI, VU QU'ÇA FAIT BIENTÔT QUATRE HEURES QU'ON CAUSE, ON AURAIT EU L'TEMPS DE S'VOIR...
... T'AS QUOI COMME FORFAIT ?

BIEN ÉVIDEMMENT VOUS AVEZ DÉJÀ SONGÉ À UN POSSIBLE LIEU DE RENCONTRE...
TU CONNAIS LES BAINS TURCS DE PIGALLE ?

... NE RESTEZ PAS CAMPÉ SUR LE SCÉNARIO QUE VOUS AVIEZ MIS AU POINT. UN PARCOURS AMOUREUX EST TOUJOURS SEMÉ DE SURPRISES AUXQUELLES IL FAUDRA S'ADAPTER.
UN PEU, MON N'VEU !!... J'Y AI BOSSÉ COMME "HÔTESSE"
ON S'CONNAÎT ?
32

Bingo !

ÇA Y EST, VOUS AVEZ DÉCROCHÉ LE RENCARD TANT ATTENDU
TU CONNAIS "PÉTAOUCHNOCK" ?!
...

"J'ai tiré le gros lot !"

Mister Tahiti
(mari de Laurence Boccolini)

NE COUPEZ PAS NET LA CONVERSATION. ENCORE QUELQUES DOUCEURS ÉCHANGÉES...
Qu'il est délicat d'entendre de si belles paroles dans ce monde de brutes !
...ET VOUS POUVEZ LAISSER EXPLOSER VOTRE JOIE.
YESSS!!...
POPOL, DEMAIN C'EST TA TEUF !!
KLAP!
UN BREF MESSAGE INTERNET POUR LUI DIRE À QUEL POINT VOUS ÊTES HEUREUX (SE)...
1 boîte de capotes, ça suffira ?
...ET C'EST FÉBRILE QUE VOUS VOUS APPRÊTEZ À LE (LA) RENCONTRER.
SI VOUS M'RATEZ, J'VOUS TRAÎNE EN JUSTICE !
... COMPRIS ?
Coiffure
LAMÈCHE

La rencontre

Il était temps

"Chaud devant !"

Jeanne d'Arc

SUR LA ROUTE DU RENDEZ-VOUS, LE DOUTE S'INSTALLE. VOUS PENSEZ D'ABORD TOUT SAVOIR SUR LUI (ELLE)...
UN JOUR MON PRINCE VIENDRAAA !! ...

...PUIS ENVISAGEZ LE FAIT QUE VOUS NE SAVEZ DE LUI (D'ELLE) QUE CE QU'IL (ELLE) A BIEN VOULU VOUS DIRE
UN JOUR IL M'ENLÈVERA
OUPS! COMME INGRID BETANCOURT ?
RAPPEL UTILE : INTERNET EST UN FANTASTIQUE MOYEN POUR SE RENCONTRER... MAIS RIEN DE PLUS !
C'EST COMBIEN UNE BOMBE LACRYMOGÈNE PARALYSANTE ?
ARMURERIE
PAN-PAN
DÈS QUE VOUS ÊTES EN CONFIANCE, IL EST CONSEILLÉ DE SE FIXER UN RENDEZ-VOUS AVANT DE TROP FANTASMER.
SALUT, BEAU GOSSE J'SUIS PAS TROP À LA BOURRE ?
FINI DE RÊVER SA VIE, D'ICI CINQ MINUTES, VOUS ALLEZ VIVRE VOTRE RÊVE.
NON !... MAIS POUR LE FILM FAUDRA REMETTRE TES LUNETTES !!
34

La rencontre

Le choix du lieu

"À l'arrêt de Montcuq ?"

Daniel Prévost

POUR VOTRE PREMIER TÊTE-À-TÊTE, VOUS AVEZ BIEN ÉVIDEMMENT CHOISI UN LIEU PUBLIC
SALUT, ÇA VA ?
OUAIS, ET TOI ?
BIZ BIZ
WC

UN POINT DE RENCONTRE NI DÉSERT NI BONDÉ, OÙ VOUS POURREZ VOUS POSER POUR DISCUTER
JE NOTE : « FÊTE DE L'HUMA, BARAQUE À FRITES ! »
ÉVITEZ LES ENDROITS OÙ VOUS RISQUEZ DE CROISER DES CONNAISSANCES, PRÉFÉREZ UN LIEU ANONYME.
SALUT PAULO ! J'FAIS APPRÊTER TA "SUITE NUPTIALE" ?!
...
?!
PLUTÔT QUE DANS UN BAR, DONNEZ-VOUS RENDEZ-VOUS À L'EXTÉRIEUR...
BAR DU SOLEI
...ET CHOISISSEZ ENSEMBLE, TOUT EN FLÂNANT, VOTRE POINT DE CHUTE.
TIENS, REGARDE ! J'HABITE JUSTE LÀ !!
C'EST DINGUE !
?!

Une attente interminable

"Bah, on n'est plus à ça près !"

Mathusalem

VOUS ÊTES LE PREMIER (LA PREMIÈRE) ARRIVÉ AU POINT DE RENCONTRE, LA TENSION EST À SON COMBLE.
C A F É

VA-T-IL (ELLE) VOUS PLAIRE ? ALLEZ-VOUS LUI PLAIRE ?
AH ?!... BEN POUR UNE BONNE NOUVELLE, CE SERA 50€ DE PLUS !!
VA-T-IL (ELLE) VENIR ? ALLEZ-VOUS VOUS RECONNAÎTRE ?
c'est moi
VOUS N'ÊTES PAS À L'AISE DANS CETTE NOUVELLE TENUE ACHETÉE POUR L'OCCASION, L'ENVIE DE PARTIR EN COURANT VOUS TRAVERSE L'ESPRIT
GARÇON! SIOUPLÉ !!
TROP TARD ! IL (ELLE) SE TIENT DEVANT VOUS ... LE TEMPS SEMBLE SUSPENDU, LE CHARME AGIT.
VOUS AVEZ DEMANDÉ UN GARÇON ? BEN ME V'LÀ !!
?!

Une légère gêne

“Oups !”

Le pétomane

DEVANT VOUS SE TIENT UN PERSONNAGE DIFFÉRENT DE CELUI OU CELLE QUE VOUS CONNAISSIEZ EN LIGNE.
C A
et co-co-co... ment ça-a-ça va ?

RIEN DE BIEN ÉTONNANT DONC À CE QU'IL Y AIT QUELQUES MINUTES DESTABILISANTES OÙ VOUS DEVREZ VOUS CALER L'UN À L'AUTRE...
C A F E
BZZZZZ
...OÙ VOUS DEVREZ ASSIMILER UNE RAFALE D'INFORMATIONS...
BIEN !... MAIS DIS-MOI, TU ES BÈGUE OU MUET ?!
...INFORMATIONS QU'IL FAUDRA FAIRE COÏNCIDER AVEC L'IMAGE QUE VOUS VOUS ÉTIEZ INCONTESTABLEMENT DÉJÀ FAITE.
C A F E
...
CHOC !
IL NE VOUS RESTE PLUS QU'À VOUS ADAPTER À CE "NOUVEAU" PROFIL.
C
HA HA HA !!... MAIN... MAIN-TENANT, T'ES BO-BO-BORGNE !
ON-ON DIT MER... MER... MERCIKI ?

Enfin ensemble

Des signes qui ne trompent pas

“Moi, j’étais cancer !”

Steeve Mc Queen

À SA FAÇON DE SE COMPORTER, VOUS POUVEZ DÉJÀ JUGER DE L'EFFET QUE VOUS LUI FAITES
ELLE N'EST PAS VENUE
ELLE VEUT QUE JE LA DÉSIRE !!

IL SE PENCHE EN AVANT, RAPPROCHE SA CHAISE : IL TENTE DE RÉDUIRE LA DISTANCE ENTRE VOUS
euh... tu veux un ch'wing' ?!

ELLE SOURIT EN PERMANENCE, A DES FOURMIS DANS LES JAMBES : GÊNÉE, ELLE SEMBLE S'ENNUYER.
KESTA ?... DES HÉMORROÏDES OU QUOI ?
HUM?

IL A LE REGARD FUYANT : IL N'ASSUME PAS SA PRÉSENCE À VOS CÔTÉS
BLA BLA BLA BLA BLABLA BLA BLA BLA ? BLA ! BLABLABLA ! ...
ZZZZZ
RRR

ELLE RIT À VOS PROPOS, PASSE SA MAIN DANS SES CHEVEUX : ELLE EST SÉDUITE ET SOUHAITE LA RÉCIPROQUE.
HI, HI, HI ! ÇA CHATOUILLE !!
PAS MARRANT !!

Enfin ensemble

Plusieurs cas de figure

“Quoi ma gueule ? keskela ma gueule ?”

Johnny

EH BIEN VOILÀ, L'HEURE DE FAIRE LE BILAN A SONNÉ. DE RETOUR CHEZ VOUS, VOUS Y SONGEZ LONGUEMENT.
TIENS, ON DIRAIT QU'À VOUS AUSSI ON A POSÉ UN LAPIN!!

1er CAS = AUCUN DES DEUX N'A PLU À L'AUTRE, INUTILE D'INSISTER... RETOUR CASE DÉPART.
ON PEUT AVOIR UNE ADDITION SÉPARÉE?
OUI, S'IL VOUS PLAÎT!
2e CAS : IL OU ELLE VOUS A PLU, MAIS CE N'EST PAS RÉCIPROQUE... PROPOSEZ-LUI UNE SECONDE CHANCE
PITIÉ!... LA PROCHAINE FOIS J'ÉVITERAI DE PRENDRE DES FLAGEOLETS!!
3e CAS = VOUS L'AVEZ SÉDUIT(E), MAIS VOUS N'ÊTES PAS SOUS SON CHARME... À VOUS DE VOIR CE QU'IL/ELLE PROPOSE.
LA PROCHAINE FOIS J'ENLÈVE LE HAUT!!
4e CAS : VOUS ÊTES FAIT L'UN POUR L'AUTRE ET C'EST CE QUE NOUS ALLONS MAINTENANT POUVOIR DÉVELOPPER.
ENCHANTÉ, JE M'APPELLE CLAUDE!
ET MOI CAMILLE!
AH, MAIS T'ES PAS UNE FILLE?!
39

Merci Internet

"De rien !"

Google

TOUT EN DOUCEUR VOUS VOUS REVOYEZ, VOUS N'AVEZ PAS CHERCHÉ À FORCER LE DESTIN...

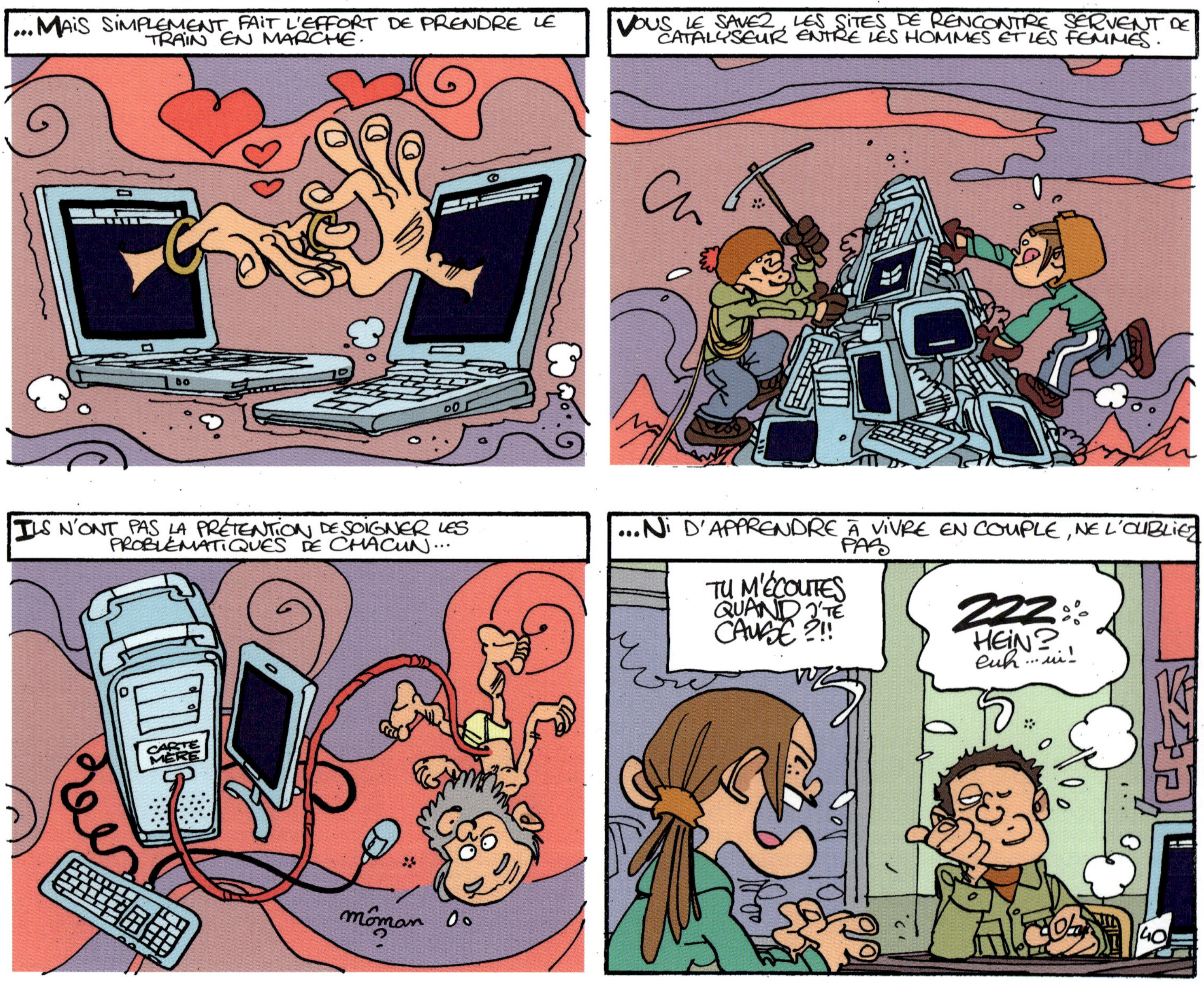
...MAIS SIMPLEMENT FAIT L'EFFORT DE PRENDRE LE TRAIN EN MARCHE.
VOUS LE SAVEZ, LES SITES DE RENCONTRE SERVENT DE CATALYSEUR ENTRE LES HOMMES ET LES FEMMES.
ILS N'ONT PAS LA PRÉTENTION DE SOIGNER LES PROBLÉMATIQUES DE CHACUN...
CARTE MÈRE
môman
...NI D'APPRENDRE À VIVRE EN COUPLE, NE L'OUBLIEZ PAS
TU M'ÉCOUTES QUAND J'TE CAUSE ?!!
ZZZ
HEIN? euh... oui!

Une vie à deux

Savoir décrocher

“Le pompon à qui ?”

Pom pom girl

CERTAINS ACCROS DE LA RENCONTRE EN LIGNE RISQUENT D'AVOIR DU MAL À CESSER LEUR PETIT MANÈGE
KESTU FAIS ?
J'ME RENCARDE AVEC "GROLOLO 123" POUR (DE VISU) LUI EXPLIQUER QU'ON S'VERRA MOINS !!
TAP TAPATAP

MÊME SI LE NET LEUR A FAIT DÉCOUVRIR LA PERLE RARE, ILS PERSISTENT ET SIGNENT UNE DÉPENDANCE AU CHAT ET CIE.
CHÉRI ?
VOILÀ, VOILÀ ! J'ARRIVE !!
HEUREUSEMENT CES AFICIONADOS EN MANQUE D'AFFECTION NE REPRÉSENTENT QU'UNE MINORITÉ.
OUI, JE SAIS, "CLIQUER C'EST TROMPER" ... D'ABORD L'ENNUI PUIS PLUS SI AFFINITÉS !!
REC
AVIS À LA NET POPULATION, UNE RENCONTRE QUI RÉUSSIT...
JE SUIS CYBER DÉPENDANTE !
... LE NET, C'EST LA TENTATION, JE PÈCHE PAR INTENTION
REC
...C'EST QUAND SIMULTANÉMENT LES NOUVEAUX TOURTEREAUX EFFACENT LEUR FICHE "CÉLIBATAIRES"
MAIS NON, J'RIGOLE ! ... DEPUIS QU'J'AI RENCONTRÉ DÉDÉ SUR "POILADE.COM" ...
QU'EST-CE QU'ON S'FEND LA PIPE !!
REC

En résumé

À vôtre service

“Pas compris !”

Sébastien Grosjean

LES SITES DE RENCONTRE SUR LE NET NE SONT PAS TOUT. CE SONT DES OUTILS MIS À VOTRE DISPOSITION, À VOUS D'EN FAIRE BON USAGE.
J'COMPRENDS PAS, J'AVAIS POURTANT UN BON ANTI-VIRUS!

POUR BIEN VIVRE LES RENCONTRES EN LIGNE, IL FAUT CONTINUER À SE CRÉER D'AUTRES OCCASIONS...
BONSOIR, JE M'APPELLE CLAIRE!
"BUTOR66" DIT LE "MARTEAU-PIQUEUR" POUR VOUS SERVIR!
SMOK
... NE PAS LAISSER LE VIRTUEL EMPIÉTER SUR VOTRE VIE, VOS ACTIVITÉS, VOS LOISIRS.
DOCTEUR, J'CROIS QU'J'AI ENCORE TROP CLIQUÉ!!
J'ME DESHABILLE ?
PRENEZ CE MODE DE RECHERCHE COMME UN JEU, GARDEZ DE LA DISTANCE
POUCE!
PRENDRE DU RECUL EST LE SEUL MOYEN D'ANALYSER SEREINEMENT UNE SITUATION
Je t'M!
YES!... MOI AUSSI JE M'AIME!!

En résumé

Amour toujours

“Un Bécaud ?”

Gilbert

BIEN SOUVENT, C'EST À CHERCHER DÉSESPÉRÉMENT QUE L'ON NE TROUVE RIEN.
ÉHO ?... Y'A QUELQU'UN ?!
Chez Robinson
J'SUIS MÉGA HOT, LÀ !!

EFFECTIVEMENT : COMMENT SÉDUIRE QUAND L'ON TRANSPIRE CELUI OU CELLE DONT PERSONNE NE VEUT ?
Cherche bonne femme 25-30 ans merci !
CERTES, AUJOURD'HUI LES RENCONTRES NE SE FERONT PLUS DE LA MÊME MANIÈRE...
TU DANSES ?
P'TÊT !... PASSE SUR MON BLOG QU'ON EN CHAT !!
...CELA VIENT DE COMMENCER ET VOUS EN ÊTES LES TÉMOINS ACTIFS.
euh... c'est pas pour moi, c'est pour une copine !!
La vérité sur les RENCONTRES INTERNET
10,00
RASSUREZ LES AUTRES, CETTE APPROCHE DIFFÉRENTE A ET AURA TOUJOURS LA MÊME FINALITÉ.
ET SI ON FAISAIT UN BÉBÉ ?
ARGH, ZUT ! J'AI OUBLIÉ LES CAPOTES !!
43

Pour la vie ?

"Poubelle la vie, oui !"

France 3

LOIN DU SPEED-DATING, L'AMOUR SE CONSTRUIT PETIT À PETIT.
EUH... ET KESKE TU FAIS LES 70 ANNÉES À VENIR ?!!
TIC TAC TIC
LÀ, JE DIS... "JOKER" !

PAR UNE FENÊTRE "WINDOWS" IL/ELLE VOUS A SOURI, AVEC BEAUCOUP DE SINCÉRITÉ VOUS LUI AVEZ RÉPONDU. PEU IMPORTE LA MANIÈRE, SEUL LE RÉSULTAT COMPTE ! JE VOUS SOUHAITE TOUT LE BONHEUR QUE VOUS MÉRITEZ !
Vous avez un nouveau message
"Éo?...Toù?"
44

Impression : Pollina en mars 2007
SEFAM
22 rue Huyghens. 75014 Paris
N° d'édition : 25236
N° d'impression : N° L42354
Dépôt légal : avril 2007
ISBN : 978-2-226-17725-4
Imprimé en France